Matta K.

Pimeyden sävyt

© 2021 Matta K.

Kustantaja: BoD – Books on Demand, Helsinki, Suomi

Valmistaja: BoD – Books on Demand, Norderstedt, Saksa

ISBN: 978-952-80-5031-5

TÖRMÄYS PLANEETTAAN 7

AIKA EI ARMAHDA 21

MIELENI MERI 35

PIMEYS, SYVÄ PÄÄTY 47

RAKKAUS, HYVÄ PÄÄTY 61

TÖRMÄYS PLANEETTAAN

MAAILMAN ONNELLISIN KANSA

Kun kovuus liukenee, sun pitää löytää jotain muuta.
You're fucked if that was your weapon...

Sä teit duunii sen eteen.
Sä tuhkasit sun luurangot ja laskit sun nyrkit.
It was no fun and games. If you did it you know it.
Nyt sä oot aidoimmillas ja maailma venaa et se pääsee jyrään tankilla sun yli.

The so called ammattilaiset tarjoo sulle pillereitä muttei aikaa.
Täs ajas niillä ei oo muuta.
Ne haluu et sä vedät elmukelmun sun ja maailman väliin.
You heard it from me, niillä ei oo resursseja kiinnostuu susta.
Ne vaan haluu et sä pidät pääs kiinni.

Jokainen hallitus ohittaa sut, oikeelta ja vasemmalta.
Maailman onnellisin kansa. *Get the fuck outta here... We ain't got a voice.*

Ootsä pakastelokeron takakulmaan jäätynyt lihapulla vai kävelevä avohaava?
Miten sä lähestyt maailmaa ilman defenssejä kun sun sisin on auki?
Sun pää sulaa ku legotorni nuotiossa.
There's no easy way out... or in.

Se joka hiffaa sut, se seivaa sut. *Trust me.*

KANNANOTTO

Älä pyydä minua ottamaan kantaa.
Ei minusta ole poliitikoksi.

Yhteislaulu on utopia.
Solidaarisuus on meille liian työlästä.
Historian kirjat on luettava ensin.
Tietäjät tietää, kuollut lintu ei viserrä.

En kaipaa esikuvaksi.
Ei minun tarinallani maailmaa muuteta.
Minun paikkani ei ole lastenkonserteissa.

Minulle elämä on ulospäin pientä, sisäänpäin suurta.
Jättäkää minun kuplani rauhaan.
Uskon hyvään karmaan, mutten usko teihin.

*"The problem with the world is that the intelligent people are full of doubts
and the stupid ones are full of confidence."*
(Charles Bukowski)

KAIKKI UUNIIN

Suomi kylpee kahtia jakautuneessa kusipaljussaan.
Sosiaalisen median taistelutanner on vatsahappokylpy, jossa kaikkia närästää.
Liimanhaistelijoiden lapsukaisista nousi "yhteiskuntatieteilijöitä",
joiden tietopohja on ohut kuin kelarotan lompakko kuun lopussa.
Vihapuhe on mielipide, tunne on totuus.
Populistit rakastavat oikeassa olemisen tunnetta,
vaikkei siihen ole mitään perusteita.

Toisaalla George Floyd murhataan.
Instagram-pyllistelijöistä kasvaa viikossa vapaustaistelijoita.
Perse-selfieillä maailman tietoisuuteen.
Päivääkään jenkkilässä viettäneet kävelevät hattutelineet
osoittelevat sormella, miten "tulee ottaa kantaa".

Seuraavalla viikolla se unohtuu.
Sormi takaisin omaan haaroväliin ja kohti uutta IG follaaja-recordia.
Karma löytää meidät kaikki, kuulin Meri-Porissa.
Jos tänään olisi Vain elämää -karman päivä,
uuni olisi kuuma kuin nistin lusikka.

LUSIKKA

Mä oon likanen kun nistin lusikka.
En syntyny hopealusikka suussa, enkä kultalusikka perseessä.
Mä synnyin hämmentään. Sun puuroos.

Oot sä kakkulusikka, jossa on kuvioitu kahva.
Ruostumatonta terästä ja kaikkee. Vitun upee.
Kun peset fairylla kasvosi, oot yhtä kasvoton ku eilenkin.

Vai oot sä puulusikkahippi, joka syö puolukoita ämpäristä.
Joku on kussu sun muroihin. Käytä dödöö.

Ehkä oot sittenkin pikkulusikka, jota ei ees käytetä.
Maito sekoittuu kahviin ilman suakin.
Sä oot se oman elämäs statisti.

Mut kukaan ei haluu olla muovilusikka, joka lirahti jäätelöpaketin mukana.
Sulta katkee niskat helposti. Maailman meret on täynnä sua.
Sua ei tarvi kukaan. Puulusikkahippikin inhoo sua.

AUTIOT KUVAT

1.4.2020.

Päivänä, jolloin maailma repi sivujaan palasiksi.
Savupiiput seisoivat kuin hylätyt,
pystyyn kuolleet puut kädet levällään,
toimettomana, katsoen kysyvästi toisiaan.
Ennen elämää täydet kadut haalistuivat kuin autiot valokuvat.

Aprillia! Huusi aikamatkaaja autiolla torilla.

TASAPAINO, LOL

Tasapaino, hyvänolontunne, onnellisuus… Kevät täyttyy hienoista sanoista.
Kuin olisi vetänyt pakasta tuoreet bokserit jalkaan.
Jämäkkä ja fressi olo, uuden tuoksu, mutta istuuko ne sittenkään haaroista.
Tuntuu, että jotain paskaa on tulossa – korona.

Tervetuloa, sinä maailman sekoittava medium-lepakkopihvistä
alkunsa saanut kusipää äpärä.
Runkkasit globalisaation naamalle ja pyyhit mulkkusi kukkaverhoihin.
Lennätit itsesi kaikkialle ykkösluokassa. Nyt kukaan ei enää lennä.

Tuntuuks kenestäkään muusta, et me jotenki ansaittiin tää?

KARANTEENIPÄIVÄKIRJA

Muistan kun tää paska alkoi.
Mielikuvitus ja todellisuus, kaksi erillään pyörivää kanavaa.
Seinät eivät puhuneet, eivätkä uhanneet kaatua niskaani.
Jokainen päivä ei ollut torstai.
Ei tarvinnut miettiä, onko käki lentänyt pesästä.

Loin rutiinit, joiden sisään jäin vangiksi.
Loin muurit, jotka haluan rikkoa.

Nyt on lupa pitää maskia. Se on suositus.
Ennen se oli vaan rooli, jonka taakse jengi piilotti
"ikuisen epäonnistujan" häpeänsä.
Nyt on turvallista torjua kaikki.
Introverttiys on muotia.
Turvaväli on uus superfood.

Kävelen kädet silmillä toivoen kompastuvani ladattuun haulikkoon.
Kyllä introvertti lockdownista selviää, lupas instagramin feedi.
Vitun korona-horo.

Sovitan nihilistin ja empaatikon saappaita:

Tänään taivas on musta. Musta totuus musta on vieläkin mustaa.
Auringonlaskuissa asuu toivo siirtyä taivaanrannan toiselle puolelle.

Universumi lukee meitä kuin pistekirjoitusta.
Se pyyhkii etusormella ylitsemme piste kerrallaan.
Ajan huulet liikkuvat äänettömästi, sivu sivulta.

Jättäkää minut rauhaan.
Jättäkää minut hautaan.

CRUELTY

Jos korona ei tapa tarpeeksi ihmisiä,
USA:n poliisi paikkaa vajeen.

Inhimillisyys on sanana harhaanjohtava.
Sankaruus yllättää meidät, nostaa toiveemme ihmiskunnasta.
Todellisuudessa turvallisuudestamme vastaa sinisiin pukeutunut liittouma,
jolle mielivaltainen väkivalta ja murha on laillista.
Länsimaisen yhteiskunnan kulmakivi "perustuslaki"
on maailman vaarallisimman jengin käsissä.

Elämme 2020-lukua.
Teknologia, lääketiede ja tiede ovat kehittyneet valtavasti.
Ihmisen todellinen luonne ei metriäkään.
Täytetään vankilat. Murhataan kaikki, jotka eivät alistu.
Tervetuloa Amerikkaan: "Greatest country in the world".

R.I.P. George Floyd

BYROKRATIAN RATAS

Byrokratian rattaana eläminen hiertää ohimoita.
Helsingin harmaus ja sade piiskaavat ruostevaurioita kärsivällisyyteeni.
Maan vaihtamisen toivossa jonotan R- kioskilla lottolappu kädessä.
Metrotunnelin seinän Berocca-mainos vihloo kuin ruuvari silmämunassa.
Puoli viiden metron matkustajien silmäpussit ja kalpeat kasvot.
Sanaton lausahdus täyttää vaunun: *vittu mua väsyttää.*

DEFENSSI

Maailma runtelee sieluista herkimmät.
Se ei suojele keijuja, eikä muita hentosiipisiä.
Roolit ja kilvet suojaavat haavoittuvinta osaa itsessämme.
Kovuus ei ole merkki vahvuudesta, se on defenssi.
Kyyneleet eivät ole merkki heikkoudesta, vaan sydämestä, joka tuntee.

NÄLKÄINEN TYTTÖ

En ikinä unohda sitä hetkeä, kun näin sinut Patran kadunkulmassa.
Istuit likainen mekko kilpenäsi, kasvosi liasta mustat.
Silmäsi vihreät kuin smaragdit, mutta täynnä tuskaa.

Istuit vaiti yksinäisyytesi ympäröimänä.
Et ollut kaukaa, toisesta galaksista.
Joku odotti sinua peltikujalla.
Berlitz-matkaajille olit näkymätön.
Takapihalta, jonne he eivät halunneet katsoa.
Näit maailman, johon sinulla ei ollut lupa osallistua.

Pyylevä poika, jolla oli valkoiset hiukset
ja kuumuudesta punertavat kasvot
osti viereisestä kojusta jäätelön.
Hän kysyi äidiltään, miksi istuit siinä.
Äiti katsoi sinua paheksuen ja sanoi jotain mitä en kuullut.

Ostin sinulle jäätelön, en osannut muuta.
En löytänyt sanoja, enkä yhteistä kieltä.
Kumarsit avoimin silmin ja näin, miten nälkä söi sinua kuin tauti.
Olisin halunnut laittaa sinut taskuuni ja viedä turvaan.
Pudottaa keskelle hedelmäpuutarhaa.
Se olisi kuitenkin jumalana leikkimistä.
Minusta ei olisi pelastajaksesi kuin saduissa.

Mitä tiedämme kivusta, kun seuraamme sitä sivusta.

JOS

Jos todellisuus olisi muovailuvahaa,
   antaisin käteni toivottomien puolesta.
Pyytäisin aurinkoa kääntämään kasvonsa niiden puoleen,
   jotka kulkevat varjosta varjoon.
Sijoittaisin enemmän suuntaviivoja päättymättömiin risteyksiin.
Loisin pehmeämpiä kulmia kultaisen keskitien yli vaappuville.

Jos todellisuus olisi muovailuvahaa,
ero hyvän ja pahan välillä olisi muutakin kuin veteen piirretty viiva.
Välissä menestyksen ja pettymyksen olisi muutakin kuin rahapuntari.
Mitä arvokasta on jäljellä, jos jokainen ilmansuunta on täynnä kipua.
Viisaus on arvo, jonka palkkana on kiitollisuus.

AIKA EI ARMAHDA

TARTU MOMENTTIISI

Hei, olen aika.

Valun sormiesi välistä, kun etsit ja tavoittelet ajatonta.
Jotain, mikä saisi sinut tuntemaan nykyhetken *sinun ajaltasi.*
Jotain, mikä saisi muut näkemään sinut merkittävänä *tässä ajassa.*

Näen sinut aina samoin.
Putoavana lehtenä periferiani taivasta vasten,
   kun värit taittuvat sinisestä purppuraan.
Yksinäisyyden, kun eksyit syksyihin.
Marraskuut, joissa kyselit mikä tässä ajassa on vikana.
Kaaduit, jotta näkisit taivaan, etkä vain kuoppia tiessä.

Unohdat, että olen nähnyt kaiken.
Koko maailma laskee minun varaani.
Olen täällä auringonnousussasi ja viimeisessä auringonlaskussasi.
Olen horisontti, josta kukaan ei halua ajaa läpi, mutta kaikki ovat matkalla.
Olen ikuisuus täynnä hetkiä, rakkautta ja surua.

Tartu momenttiisi, olipa se kuinka pitkä tai lyhyt tahansa.
Älä toivo minun juoksevan tai pysähtyvän,
   se on sinun tehtäväsi.
Älä aseta liian vaikeita kysymyksiä itsellesi.
Älä kiirehdi pudonneiden lehtien armeijaan.

LÄSNÄ

Aika ei armahda ohituskaistalla,
sekuntikelloaan vastaan taistelevia turbokiitäjiä.
Aika armahtaa paikalleen pysähtyjää,
hetkessä voi tapahtua jotain yllättävää.

Elämä seisoo sekunnin päällä.
Se on läsnä niille, jotka pysyvät lapsina ikuisesti.
Ikuisuus on täynnä ohimeneviä hetkiä niille,
jotka aikatauluttavat aikansa.

MUKULAKIVI

Luoja loi kallion, jotta meri tietäisi rajansa.
Mies katukiven, jotta pysyisi pystyssä.

IHMINEN EI MUUTU

Buddha omisti kahdeksan tavaraa.
Hänen kokemuksensa sisäisestä rauhasta ja tasapainosta
on opastanut ihmisiä kohti onnellisuutta 2500 vuoden ajan.
Maailma on muuttunut mutta ihminen ei.
Ihminen etsii edelleen onnellisuutta.
Kun etsimme sitä menestyksestä ja omistamisesta,
koko maapallo repeää etsintämme seurauksena.

VAATIMUSTEN VALTAMERI

Ihminen on luonteeltaan itsekäs, kunnes toisin todistetaan.
On vaikea nostaa hattua idiotismillemme.
Se, mitä koemme tavoittelemisen arvoiseksi,
  on arvokasta ainoastaan itsellemme.
Onnellisuutemme on vaatimusten valtameri.

Vaellamme aikakautemme keskiyössä,
  jonka pimeys vain tihenee.
Me saatiin kaikki ja kustiin koko homma.
Aurinkokin vain kiirehtii häpeästä yli taivaan.

INHIMILLISYYDEN VIIMEINEN PISARA

Jos tietäisin totuuden taivaasta, huutaisinko sen nyt ääneen?
En. Pitäisin sen itselläni, koska en ole yhtään sen parempi.
En anna kenenkään syntejä anteeksi, en omianikaan.
En pääsisi taivaaseen, kuin livahtamalla Pietarin ruokatunnilla.

Sulaudun ihmismassaan kuin Hulk Tokion ruuhkametroon.
Tahdon kartanon periferiasta, omalta planeetaltani.

Tarvitsen syyn elää, en vain olla nukkumatta.
Etsin inhimillisyyden viimeistä pisaraa.
   Maamerkkiä, jonka löytää keskiyölläkin.
   Profeettaa, joka ei ole naivi.
   Ajatusta, joka ei ole tunne.
   Ideaa, jonka sisällä on ajatus.
   Repivää rehellisyyttä.
Totuutta, jossa on aution tunnelin kaiku.

INSPIRAATIO

Oispa inspiraatio kuin ehtymätön viinipullo, jonka pohja ei koskaan tule
vastaan eikä korkkia voi laittaa takaisin kiinni. Kun jokainen ajatus tuo
mukanaan seuraavan oivalluksen, rivin ja kappaleen. Kun unissaankin
kirjoittaa, niin ettei aamulla tarvitse kuin koskea kynään. Luovan inspiraation
kliimaksi, pehmeän päihdyttävä tyytyväisyys siitä mitä luot. Oispa aina niin.

Mutta vittu ei. Inspiraation viinipullo pyörii tyhjänä lattialla. Sen sisälläkin on
jo pölyä. Vaikka pyörittäisi sitä mihin suuntaan tahansa, niin se ei anna
vastauksia, eikä ideoita. Ainoa intuitiivinen ajatus viimeiseen kuukauteen,
joka sisältäni nousee: *oispa pitsaa.*

LIFE IS JAZZ

Älä kysy miltä musiikki kuulostaa, vaan miltä se tuntuu.

Elämä parhaimmillaan Miles Davisin Kind of Blue.
Rytmissä ja askeleessa sopiva tempo.
Trumpetin soundi kuin siveltimen veto kankaalle,
  joka odottaa tulla yllätetyksi.
Olet kävelevä ideariihi, elävä innovaatio.
Taivaan väri on juuri sopiva.
You feel exited of your day.

Elämä pahimmillaan nykymusiikkia,
click-bait -paskaa, joka ei maistu miltään.
Sielutonta kuin euron juusto.
Kuin ajaisi tunnelin läpi auton ikkunat auki.
Odottaen vain, että se loppuu.

Elämä yllättää kuin jazz.
Mitä paremmin osaat improvisoida, sitä paremmin selviät siitä.
Mitä vahvempi on intuitiosi, sitä varmemmin elät kuin unelmoit.

AS BUKOWSKI MIGHT SAY

Olen runoilija.
Olen erakko.

"Why are you so mean to me?"

Positiivisuus on kokonaiskuvan kieltämistä,
   pelkuruutta kohdata totuus.
Totuus ei synny säästelemään tunteita.

"Pain is the teacher."

Ansaitsematon tuska on runouden alkulähde,
   liikkeelle paneva voima.
Sieluni pohjalla kiehuva keitto on muste,
   jota haarukoin paperille.

"What matters most is how well you walk through the fire."

Runous on tulkinta, hetken perspektiivi.
Ilmaisu, johon samalla kynällä ei voi palata.
Karannut luoti päälle liimattujen identiteettien ohimoihin.

Haluan kaiken, mutten ansaitse mitään.
Kertooko se minusta tarpeeksi.
Kuullaanko minut vasta sitten,
kun sisimpäni on muuttunut kiveksi.
Pitääks mun kuolla et saan kehuja ja kukkasii.

MUISTILISTA

Ajattele ääneen.
Vaikene, kun sinulla on asiaa.
Kirjoita jotain, mikä ei ole paskaa.
Muista, kaikki on lopulta paskaa.

Toista...

Anna mahdollisuus.
Kannusta pessimistiä.
Näytä keskaria.

Toista...

Ole mulkku.
Pysy empaattisena.
Syö jäätelöä.
Jätä kaikki tekemättä.

YKSINÄINEN YKSINVALTIAS

Me oltiin alussa osa luontoa, osa ekosysteemiä.
Sitten me luotiin systeemit, jotka tuhoaa ekosysteemin.
Me luotiin toinen ihmisluonto, normisto.
Jos et sopeudu sen koodiin, olet ulkona.

Me junailtiin koneistot, järjestelmät ja raha.
Raha, joka hallitsee kaikkia järjestelmiä ja valtarakenteita.
Raha, joka punnitsee arvokkuuden.
Jos olet rahaton, olet arvoton.

Me luotiin digitaalinen maailma, toinen todellisuus.
Jengi alkoi elää sitä näytelmää todeksi.
Follaajista tuli uusi douppi ja cloutista uusi jumaluus.
Jos et ole osa hastag-realityä, olet ulkona.

Mitä minä olen tässä maailmassa?
Köyhä ja hyödytön langanpätkä irrallaan valtavirran kerästä.

Mutta mitä jos olisinkin viimeinen ihminen maan päällä?

Halusin olla vapaa, nyt minä olen.
En koskaan sopeutunut rattaiden sisään, nyt ei enää tarvitse.
Olen vihdoin viimeinen muukalainen omassa periferiassani.
Omassa todellisuudessani, rajattomien mahdollisuuksien maailmassa.
Kaikki on minun, minä en kenenkään.

Tekisin Lennonin Imagine-biisistä "onnellinen nihilisti" version.
Imagine all the people... would be fucking gone.

En koe pelkoa, en vihaa.
Ei pelättävää, ei vihattavaa.
Ei tarvitse "olla mitään".
Uskon itseeni, *no options.*
Olen näkyvä ja näkymätön.
Ei tarvetta näyttää, omistaa tai menestyä.
Omanarvoni on itseni punnitsema.
Onneni on omissa käsissäni.

Antaa luonnon vallata maailma takaisin.
Antaa jään jäätyä ja metsän vallata maisema.
Niin sen kuuluukin olla.
Haluan seurata kesää sen tarttuessa viestikapulaan kevään kaarteen päässä.
Antaa vihreän voittaa päiväni päävärin titteli.
Elää kaukana betonista.

Tunnen vihdoin kuuluvani maailmaan.
Yksinäinen yksinvaltias.
Valot ovat minulle aina vihreät.
Elän auringon kaarella.
Aika on nyt ystäväni, ei viholliseni.
This is my time.

MIELENI MERI

VIIDES VUOSIKYMMEN

Viides vuosikymmen, *welcome.*
Please come in peace.

Elin raittiina koko neljännen vuosikymmeneni.
Eli muistan kaiken. *con's and pro's*
Nuoruuden etukenoni murtui ja leuka putosi polviin.
Vihdoin ja onneksi.
Kaikki riisuttiin mitä riisuttavissa oli.
Aseet haudattiin naapurin kukkapenkkiin.
Kylmä sota on osaltani käyty.
Porilaisia voin puolustaa, muut syökää soraa.

Maailma pelottaa minua valtavasti, edelleen.
Kaikki vaan tuntuu liikaa, edelleen.
Aivan niinkuin lapsenakin.
Vincent Van Gogh koki samoin.
Hän teki asiat omalla tavallaan.
Hänenkin päälle syljettiin.
Hänetkin leimattiin hulluksi.

Aika menee nopeasti, sanoivat kun olin nuori.
Olivat niin vitun oikeassa.

Olen katsellut taivasta tänä kesänä enemmän kuin koskaan.
Siihen tarvitaan riippukeinu ja tuhat ohi purjehtivaa pilveä.
Näen pellon kasvavan kohti taivasta, jossa pilvet muotoilevat vastaustaan.

Haluan ymmärtää keltaisen värin voiman, niin kuin Vincent.
Lupaan kirjoittaa sydämeni puhtaaksi.

VALON TYTÄR

Jokainen kevät on edellistä valottomampi.
Reki perässäni käy vuosi vuodelta raskaammaksi.
Väkisin tietään puskeva ruoho ei tunne talven kaamosta.
Ydintalvea, joka hyppii tasajalkaa mieleni päällä.
Kaamosta, joka hukuttaa minut mustaan avantoon.
Missä olet valon tytär?

VAKAA KUIN ENSIJÄÄ

Mieleni on kuin loppusyksyn ensijää.
Se näyttää vakaalta, mutta kannattelee korkeintaan ohutta puuterilunta.

VASTA AAMULLA

En uskalla kohdata sänkyäni yksin.
Pimeä tukahduttaa minut. Valvon.
Uskallan nukkua vasta aamulla, kun aurinko nousee.
Mietin elokuvaa, jossa ihmiset tavoittelevat onnellisuutta ja rakkautta.
Suljen silmäni, kuva pakenee horisonttiin.

NEROUS EI LEPÄÄ

Kultainen keskitie vilahtaa junan ikkunasta.
Vilkutan sille.
Syöksyn ohjuksena kaivon pohjasta kohti kirkasta taivasta.
Eilen jaloissani vielä raskaat, kuraiset saappaat.
Tänään jalkani eivät edes kosketa maan pintaa.

Jokainen ideani on loistava, olen nobelisti.
Nukkuminen, hah, ajan tuhlausta.
Nerous ei lepää.
Pärisen kuin kokaiinilla maustettu aamutee.
Ajatusrattaat pyörivät kuin gerbiilin juoksupyörä.
Olen aivan liian nopea normaaliin vuorovaikutukseen.
Viulut vaihtuvat fanfaareihin.

MIELENI MERI

Yhtäältä kirkas, kaunis ja elegantti elementti,
joka piirtää auringonlaskuja horisonttiin.
Se sinä olet, mieleni meri.
Hiekkarannoillasi elävät onnelliset hetket.
Autioille saarillesi on kätketty aarteita.
Syvyyksiäsi ei koskaan saada kokonaan selville.

Siltikin, olet synkkä ja levoton.
Kuohut ja tulvit yli rajojesi.
Olet saastunut maailman roskasta, mikä sisääsi on kaadettu.

Kaipaat kalliota, johon nojata.
Jotain, mikä ei hievahdakaan.
Jotain, mikä kertoo, ettei tämän pidemmälle tarvitse enää mennä.
Mahdollisuutta tyyntyä.

MANIAOHJUS

Olispa edes kerran viikossa mania. Sais siivotuks.
Vois kirjoittaa muustakin kun syviin vesiin sukeltamisesta.
Pörräis ku ampiainen ja vittuilis muurahaisille.
Uskois itseensä niin paljon ettei jalat ottais maahan.
Yks päivä, et mä saisin olla kuin ohjus.

Ei kohtuudella legendoja leivota.
Jos en ole tulta ja tornadoja, en ole mitään.
Kirjoitan käsi verta valuen, että varmasti tuntuu.
Juon vaikka bensaa, jotta sisimpäni syttyisi liekkeihin.

Ei minulla kaksisuuntaista häiriötä ole.
Minä olen yksisuuntainen.
Vitun ohjus saatana.

HALLITTU KAAOS

Maailmani elää kaaoksesta.
Mitä enemmän sitä kontrolloin,
   sitä vähemmän se elää,
   sitä vähemmän se tuntuu.
Saippuakuplassa seinät ovat niin lähellä.
Kaikki on tuttua, mikään ei ole yllättävää.
Elämä etenee kuin etana.

Kaaoksessa mieli ei tartu mihinkään vaan kaikkeen.
Kirjoitan paremmin keskellä kaaosta kuin osana kontrolloitua riviä.
Kun sanat eivät johda mihinkään vaan toisiinsa.
Jokainen ajatus valuu ja sekoittuu toiseen.
Keskitieltä ei voi luoda mitään, mitä ei olisi jo luotu.

Kaaos on hallittu, koska lauseet loppuvat pisteeseen.
Sen enempään en edes yritä ylettää. Se riittää.

ORANSSI ILO

Istuin varjossani.
Siinä tottumuksen varjossa.
Tunnen sen reunat ja kulmat kuin taskuni.
Tiedän sen olevan paikkani maailmassa.
Paikka, josta voin seurata auringon kaarta taivaalla
    sen koskaan koskettamatta kasvojani.

Valo, sinä löysit minut.
Miten juuri nyt?
Vain minä näen sinut tässä valonsäteen sekunnissa.
Hetkessä musta muuttui oranssiksi.
En tiennyt ilon olevan lämpöä hehkuva mandariini.
Vedit vatsastani ulos painolastin ja jätit tilalle perhosen.

Sinä tiedät ja osaat niin paljon, mutta ilo ei tunne kasvojasi -sanoit.

Se tuntui liian yksinkertaiselta totuudelta elämäni umpisolmuihin.
Siltikään minulla ei ollut enää kysyttävää.

Näethän huomennakin vielä minut, lupaa että yrität.- sanoin.
Löydä minut, vaikka taivas täyttyisi savusta.

RUKOUS

Rukoilet minua kuin hukkuva happea.
Et tarvitse mitä pyydät.
Et voi ostaa itseäsi arvokkaaksi.
Et menestyä itseäsi ehjäksi.
Polvistu eteeni, jotta voin ampua sinua haulikolla naamaan.

Ammu egoni tuhansiksi palasiksi,
jotta ylpeys, pelko ja häpeä sinkoutuvat kauas toisistaan.
Anna rohkeutta astua ulos varjostani.
Rohkeutta riisuutua ilman pelkoa siitä, mitä paljastan.
Murskaa minut, jotta voin kasvaa kokoisekseni.

PIMEYS, SYVÄ PÄÄTY

MIELENI MONISUUNTAINEN

Eilen tunsin olevani vielä lähempänä kuolemaa kuin tänään.
Luen päiväkirjaani, jotta ymmärtäisin itseäni paremmin.
Kyllä minä itseäni ymmärrän, mutta ymmärtääkö kukaan muu?
Ei ihme, että vietän päiväni öisin ja yöni yksin.

Hulluksi on helppo tuomita.
Erilaisuutta,rinnakkaistodellisuuksia,
sopeutumattomia persoonallisuuksia, jotain paheksuttavaa?
Onko hulluus itseaiheutettua vai onko henkilö
vain saanut flipperiin väärän poletin?
Onko traumasta sairastunut ihminen hullu vai uhri?
Outoa ei nähdä sellaisena kuin hän on, vaan sellaisena mitä me emme ole.

Minulla on viheltänyt vintillä aina. Enää en häpeä sitä.
Jo ennen kuin löysin kemikaaliset pumpulimaailmat
elin rinnakkaistodellisuuksissa.
Mielialan vaihteluni muistuttivat käsistä karannutta kiinalaista ilotulitusta.
Kemikaalitodellisuudet loivat luiskan päätieltä metsään.
Tavoitteeni oli olla kuutamolla joka ikinen päivä. Saavutin sen.
Konkreettinen todellisuus tuntui aivan liian kovalta,
mieleni asfaltin ollessa pehmeää kuin sametti.
Värittelin ympäröivää todellisuutta ja kehittyvää persoonallisuuttani
todellisuuden rajoja hämärtävillä substansseilla.
Lopulta jäljellä oli vain loputon pimeys.
Pohjakosketus, josta oli kiivettävä ylös.

Minä kiipesin.
Syvästä päädystä rannalle tai vähintään altaan matalaan päähän.
Siltikään en kutsuisi itseäni porukan tasapainoisimmaksi henkilöksi
kuin ollessani yksin.
Järkeni levitoi, minä en.
Osaan katsoa elämää ja maailmaa läpi substanssivapaiden linssien,
mutta mieleni tasapaino on vakaa kuin jolla avomerellä.
Painaako asia minua? Kyllä ja ei.

Sanojen virratessa paperille rakastan mieleni sirkusta.
Koen luovuuden räjähtävän aivoissani.
Rakastan sitä hetkeä.
En vaihtaisi sitä mihinkään.
Otan elämän vastaan raakana, tuli mitä tuli.

Yhteiskuntaamme mahtuu vain salonkikelpoinen hullu.
Taitelija, joka menestyy.
Muut ovat vain marginaaliin heitettyjä häröilijöitä.

HYVÄ JA PAHA

Ihminen ei ole koskaan, eikä missään turvassa pahalta.
Eikä koskaan liian kaukana tai piilossa hyvältä.

KALLION ESCOBAR

Sata ja yks lainia pussinkulmasta piritorilla ei tee susta Kallion Escobaria.
Se tekee susta nistin, jolle elämän värit ovat vitsi.
Ketään ei vaan naurata.
Harmaa todellisuudenpakosuunnitelmasi ei sisällä aforismeja "katukuvasta".
Kovuutesi on pelkkä defenssi, naamari toivottomuutesi naamioimiseksi.
Kuivat silmät ja tyhjä sielu, kuolemaa ei tarvitse kosiskella.

POIKA, JOKA MAALASI TAIVAAN

Hän on poika, joka syntyi sydän sysimustaan vereen,
varjoihin unelmoimaan, piirtämään viivoja veteen.

Jokainen meistä on tavannut sen pojan.
Pojan, jonka puolella ei seiso kukaan.

Miten löydän timantin sisältäni? hän kysyi isältään.
Kuka nostaa painavan varjon pois päältäni?

Kukaan ei ymmärtänyt pojan taakkaa.
Poika etsi viisautta, joka ei löytänyt häntä.
Hän pelkäsi elämää ja elämä häntä.

Poika vaikeni ja kulki varjo taivaansa välissä.
Hän tunsi enemmän kuin osasi sanoa ja sanoi tuntevansa vähemmän kuin tunsi.
Hän ei kaivannut mitään muuta niin paljon kuin iloa.
Puhdasta, kevyttä iloa. Heliumia, joka nostaisi hänet synkkyyden yläpuolelle,
toiseen todellisuuteen, joka on maalattu uusilla väreillä.

Pojan sielu oli niin syvä, että vain luoja voisi nähdä sen pohjalle.
Poika sukelsi. Mitä syvemmälle hän pääsi, sitä vähemmän hän pelkäsi.
Hän ymmärsi kohtalonsa. Taivaanrannan maalari.
Sukeltaa sielunsa pohjalle ja maalata kuva taivaalle,
jotta toiset uskaltaisivat sukeltaa omaansa, pelkäämättä.

TAIVAS NISKASSANI

Tiedätkö sen tunteen?
Kun kaikki on hyvin, mutta tuntuu kuin maa nielaisisi sinut.
Elämältä putoaa pohja, vaikka pohjassa ei ole reikiä.
Ei edes murtumia peruskalliossa.
Taivas putoaa niskaasi, aivan kuin sinulla olisi maalitaulu selässäsi.

Miten ahdistus löytää minut niin helposti?

Valvon yöni, että voin eksyttää sen pimeässä.
Kirjoitan, jotta olisi jotain, jolla lyödä takaisin.
Kusipäinen ruuvipuristin,
jatka matkaasi ja jätä valo eteiseen mennessäsi.

ONNISTUMISPROSENTTI

Pilvi päälläni painaa kaksisataa tonnia.
Betonisaappaillaan se puristaa minut kasaan kuin rantapallon.
Sen tukahduttava synkkyys upottaa minut.
Jokainen lavuaariin sylkäisty veripisara muistuttaa,
että aika alkaa käydä vähiin.

Elin puolet ajasta itseäni pakoillen, puolet etsien. Idiootti.
Olisinpa ollut onnellinen idiootti.

Mikä on elämän onnistumisprosentti?
Kuoleman onnistumisprosentti on sata, silti kutsumme sitä mysteeriksi.

Minua ei tapa korona tai verenhimoinen amerikkalainen poliisi.
Kohtaloni on minun ja jumalani välinen asia.
Joka päivä minulla on vapaus vapauttaa itseni.
Kai siitäkin voi olla tyytyväinen.

En rakentanut elämääni vasaralla.
Elin kuin kukka savisessa pellossa.
Kun kerran lakkasin olemasta, ymmärsin laittaa kaiken yhden kortin varaan.
Opettelin seisomaan neulan kärjellä.
Näin maailman ikkunalasini takaa ilman tarvetta sopeutua siihen.
Oma periferiani antoi minulle sen mitä tarvitsin.
Tunteen ja ajatuksen. Kynän ja paperia.

PERUSOLOTILA

Sydän on takonut viikon kuin patarumpu.
Kuulen ja tunnen sen jokaisen lyönnin.
En tiedä haluaako se ulos vai äänensä kuuluviin.
Jotta jotain muuttuisi.

Eilen ahdistushäiriötesti, josta sain täydet pisteet.
Mietityttämään jäi se, että koen tämän *perusolotilakseni.*

Tätä kirjaa ei olisi kirjoitettu ilman ahdistusta.
Ahdistusta, jota pakenin huumeisiin ja venäläiseen rulettiin.
"On helpompi kuolla kuin elää", se aina lupaa.
Yksi päivä kirjoitan kirjan täyteen luoteja, joilla upotan sen, lupaan sen.

JENGIELOKUVA

Mun leffassa kaikki haluu kuolla mutta kukaan ei haluu taivaaseen.
Mun jengi ei vaan sopeudu sinne ku ei ne osaa soittaa harppua. Vitut siitä.
Ne samaistuu enempi Pisan torniin ku pyramidiin.
Me luistellaan järven jäällä sysimustassa talviyössä pilkkikisojen jälkeen.
Kuolema on läsnä joka potkulla.

VALMIS

Haudatkaa minut autiolle saarelle appelsiinipuun juurelle.
Päädyn sinne, minne olin matkallakin.
Yksinäisyys on sielunkumppanini.

Luoja, mennään heti, kun sä olet valmis.
Mulla on kengät jo jalassa.

EI KUKAAN HALUU LUOVUTTAA

Ei kukaan haluu luovuttaa.
On niitä, jotka ei vaan jaksa enää taistella.
If life is a battle, kenet sä voitat?

Ei kukaan toivo epätoivoa.
Kaikilla meistä on viimeinen pisara.

En ole koskaan löytänyt onnellisten tähtien alle.
Joku syntyy sinne, kuulemma.
Hirttäydyin napanuoraan jo sillon ku piti syntyä. True story.
Oon bätlännyt 40 vuotta siitä, kumpi tappaa mut eka, minä vai aika.

Sokrates sanoi: *"Uskon, että ihmisen suurin pyrkimys on olla onnellinen".*
En tiedä onnesta mutta ymmärrän sen olevan tavoittelemisen arvoista.
Me kaikki tarvitaan syy elää, ei vain olla kuolematta.
Ole jollekin se syy

RAKKAUS, HYVÄ PÄÄTY

PURO

Taivasta kättelevän vuoren huipulta serpenttiininä syliini valuva runo.
Askeleen päässä pala taivasta, joka sulattaa jään yhdellä henkäyksellään.
Oletko se sinä?

Silloin kun sukellan, hengitätkö mun puolesta?
Suojeletko selkääni, jotta voin keskittyä siihen mitä osaan,
   uuden luomiseen.
Oletko aina kaunein ja vahvin, vaikka ainoa mitä minulla olisi tarjota,
on paikka valvoa vierelläni, kun lepään?
Jotta minullakin olisi mahdollisuus uneen nyt,
   kun minulla on sinut.

Riittävätkö sanani sinulle?
Lupaan tarjota ne yhtä tuoreina kuin paahtoleivän,
jonka päällä on sulaa voita.

Tahdon tuntea onnesi ympyrän.
Olla samaa mieltä sanomatta sanaakaan.
Viedä todellisen yhteyden tasolle,
   jossa kaksi varjoa hiekassa sulautuvat yhdeksi.
Niin kuin pensas ja puu, jotka yhtyivät palmuksi.

Kaikki aika takanani voi vihdoin jäädä.
Vesi voi taas virrata sillan alta.
Nyt voin nukkua, kun minulla on sinut.

*xxx Tämä on ensimmäinen kirjoittamani runo. Runon pohjalta syntyivät
Matta K:n kappaleet Puro ja osin Vain sanani.*

MIKSI KIRJOITAN?

Olen menninkäinen, joka kirjoittaa yöt toivoen löytävänsä päivänsäteen laulun.
Kun tunnen pimeyteni sisältä käsin, en pelkää sulkea silmiäni ja kuunnella.
Öljy löytyy syvältä, ystävä sanoi.
Raaka rehellisyys valaisee ne sielun nurkat,
joissa on hämähäkin seittiä ja oudosti kylmä.

On löydettävä keino roikkua elämän flanellipaidan helmassa.
Koska sisälläni on niin paljon kaikkea, mistä ei puhumalla selviä.
Kirjoitan niille, jotka eivät löydä sanoja, mutta tuntevat samoin.
Niille, jotka ovat jumissa saman pilven alla.

EHKÄ OLENKIN RUNO

Olen käsikirjoittamani elokuva, elämäni koskaan seuraamatta sitä.
Ennakoivaa juonta on ollut miltei mahdotonta seurata.
Tosin, kulkeeko kenenkään juoni lopulta suoraan akselilla A-B. Tuskin.
Minun janani on kuin silmät kiinni ammuttu cluster- ohjus.
Muu ei ole ollut varmaa kuin että kaupunki takanani palaa.

Olen ehkä pikemmin kirja kuin elokuva.
Kirja antaa enemmän tilaa epäjohdonmukaisuuksille.
Runous mahdollistaa poukkoilun hatarilla aasinsilloilla.
Ehkä olenkin runo, jossa on epälogiikka muttei mitään järkeä.

ME

Kukaan meistä ei ole vain heikko tai vahva.
Olemme voimavaroja toisillemme.
Vuorovaikutuksellisia snorkkeleita, kun päämme painuvat pinnan alle.
Tikapuita kuopan reunalla, empaattisia vaahtosammuttimia.
Kukaan meistä ei kanna pianoa ylimpään kerrokseen yksin.

SQUAD

Me ollaan hiekka, joka rahisee sun rattaiden välissä.
Kivi sun kengässä, jonka sä heität sun naapurin ikkunaan ja
    se vetää sua turpaan.
Kallio, johon ajat sun volvon paskaksi.
Me ollaan postimiehiä, jotka soittaa aina kahdesti. Sun muijalles.

Me ollaan pistos sun vatsassa, niinku oksennustauti.
Apostoleita, joiden sielujen käytävillä palaa siniset valot.
Me poltetaan varakuninkaiden kaupunki.
Meille viimeinen pisara on sinun vertasi.

JÄÄTYNEET HUULET

Lupaan, etten koskaan muutu sinulle lasiksi.
Sä jäädyt ja huurrut, käännyt ja murrut.
Siltikin, vain minä osaan soittaa sydämesi kieliä duurissa.
Näen vain pelkoa noissa muureissa, lumihiutaleita huulissa.
Jäätä lämmön päällä, tiedän silti miksi.
Korttitalot kaatuvat, arvet paljastuvat lumen alta.
Anna jo periksi. Mä oon vieläkin tässä.
Näin lävitsesi jo silloin, kun yritit piilottaa kaikki peilit itseltäsi.

PYHÄN YLLÄTYKSEN TYTÄR

"Hei, olen Pyhän yllätyksen tytär.
Kuka sinä olet?"

"Olen myyrä, katulyhty ja kuningas.
Mitä tahdot minusta?"

"Etsin intohimon avaimenhaltijaa. "

"Näytät enemmän korkkareilla koheltajalta kuin viisaan tyttäreltä.
Paitani kaulus ei kaipaa puuteria eikä huulipunaa."

"Hameessani on hiekkaa, koska putosin satulasta.
Haluan sinulta lasin punaviiniä ja tarinan."

"Tavoitteletko kaulassani roikkuvaa intohimon avainta
vai matkaa maailman ääriin, aina sielusi reunalle saakka?"

"Tahdon, että kosketat sieluni reunaa ja vedät helmaa alaspäin.
Lasket sieluni reunalta reisieni väliin."

"Oletko pelkkä puutteenkulman liftari?"

"Onnellinen rakastaa paljon ja monin eri värein."

"Minulla on jo ikävä sitä mitä tulen löytämään sisältäsi."

ADDIKTIN RAKKAUS

Olen rakastanut usein, kiihkeästi, lyhyesti ja aidosti.
Rakkaus ei ole koskaan ollut käsissäni pidettävä, pysyvä esine.
Se on ollut kuin huumeannos, jonka vaikutus hälvenee,
vaikka siitä pitäisi molemmin käsin kiinni.

Olen rakastanut niin kuin janoinen juo,
kykenemättömänä rakentamaan mitään pysyvää.
Olen kussut kivijalkaan ja ajanut läpi juuri maalatun valkoisen aidan.
Muistat minusta vain perävalot,
osaan lähteä, mutten jäädä.

SELLAISENA KUIN OLEN

Mä tulin neljää kaistaa pitkät päällä,
   miljoona mittarissa.
Sä otit mut vastaan,
   annoit olla hetkessä liikaa ja liian vähän.
Nauroit kanssani, et minulle.
Olit risteys, jossa jokainen reitti tuntui hyvältä.

NUOTIO

Olen nuotio, joka taistelee jatkuvasti olemassaolostaan.
Pitäen kiinni liekeistä ja hehkusta, tuulen ja sateen mukiloidessa hengiltä.
Olen palanut jo pitkään, mutten koskaan ole saanut roihuta rauhassa.

En kaipaa levitä kaiken ylittäväksi maastopaloksi, vaan leimuta rauhassa.
Ettei jokaisesta valon ja lämmön hetkestä tarvitsisi taistella
sammumisen uhalla.
Että saisin sulkea silmäni kuunnellen ja aistien maisemaa.
Valaista kesäillan auringonlaskua.
Lämmittää ympärilläni istuvia.

MERITÄHTI

Olet maaperä, jolla lakkasin huojumasta, sanoit.

Nyt nukut kasvot selkääni vasten.
Tarvitsit yöksi lämpimän seinän, jonka taakse piiloutua.
Aallonmurtajan, jonka takana meresi tyyntyy, että voit levätä.
Tuntuu kuin pitäisin rakkautta selkärepussa.

Eilen huokasit, kun pyysin sinua hengittämään.
Tänään maalasit, kun pyysin sinua ilmaisemaan sisimpäsi.
Olet kuin perhonen, joka lentää katollaan.
Universumin lainalaisuudet päivittelevät silmukoitasi
iltapäiväteetä juodessaan.

Minulle olet tulevaisuus, joka ei ole pilvilinna.
Sinun valosi ei satu silmiini.
Meidän kuvassamme minä hymyilen.

Kun kysyin, mitä tahdot elämältäsi. Vastasit:
Haluan olla meritähti.

SYÖPÄ

Syöpä on suomen kielen pahin sana.
Se on vaarallinen, tappava.
Se pistää rinnasta läpi kuin jääpiikki.
Se jää korviin soimaan kuin kaiku, jota et voi jättää kuulematta.

Elämä ei kysynyt, "käykö nyt?"

Siinä hetkessä näin tiiliseinän, joka murtui.
Seinän, johon olen nojannut 40 vuotta.
Suru vyöryi ylitseni kuin hyökyaalto.
Armoton tyhjyys tuijotti minua suoraan silmiin.
Sen katse oli kylmä.
On myöhäistä neuvotella.

"Tämä on se hetki, kuin kaikki muuttuu", ymmärsin välittömästi.

Olisiko jotain voitu tehdä toisin?
Olisinko voinut pelastaa toisen?
Tekisin mitä tahansa, jotta tosiasiat olisivat toisin…

Kohtalo ei vastaa pyyntöihini neuvotella.
Toisilla on toivoa, toisilla toivotonta.

Taivaan tällä puolen, elämä ei ammu kumiluoteja.
Kesäöiden taika taittuu syksyn tyhjiin valokeiloihin.
Ne, ketkä jäivät tansseihin etsivät vastauksia taivaalta.
Kukin tulkitsee pilviä tavallaan.

Väliä on vain sanoilla, jotka äiti ehtii lukea.
Kirja, kirjoita itsesi valmiiksi. Pian.

PERHE

Tämä perhe on minun periferiani.
Kun kuulun tänne, minun ei tarvitse kuulua muualle.

Kun tarvitsin syyn elää, en vain olla kuolematta, te annoitte sen minulle.
Olin kuin ydintalvella jaloistaan maahan jäätynyt kivipatsas.
Te olette minun sulattava ja toiveikas kevätaurinkoni.
Te opetitte minulle mitä rakkaus on, mitä onnellisuus on.

Elämä on haurasta, rakkaus ei.
Perhe on tärkein -klisee on lopulta vahva kuin sementti.

SISÄLLYS

TÖRMÄYS PLANEETTAAN	7
Maailman onnellisin kansa	9
Kannanotto	10
Kaikki uuniin	11
Lusikka	12
Autiot kuvat	13
Tasapaino, lol	14
Karanteenipäiväkirja	15
Cruelty	16
Byrokratian ratas	17
Defenssi	18
Nälkäinen tyttö	19
Jos	20
AIKA EI ARMAHDA	21
Tartu momenttiisi	23
Läsnä	24
Mukulakivi	25
Ihminen ei muutu	26
Vaatimusten valtameri	27
Inhimillisyyden viimeinen pisara	28
Inspiraatio	29
Life is jazz	30
As Bukovski might say	31
Muistilista	32
Yksinäinen yksinvaltias	33

MIELENI MERI   35

Viides vuosikymmen   37
Valon tytär   38
Vakaa kuin ensijää   39
Vasta aamulla   40
Nerous ei lepää   41
Mieleni meri   42
Maniaohjus   43
Hallittu kaaos   44
Oranssi ilo   45
Rukous   46

PIMEYS, SYVÄ PÄÄTY   47

Mieleni monisuuntainen   49
Hyvä ja paha   51
Kallion Escobar   52
Poika, joka maalasi taivaan   53
Taivas niskassani   54
Onnistumisprosentti   55
Perusolotila   56
Jengielokuva   57
Valmis   58
Ei kukaan halua luovuttaa   59

RAKKAUS, HYVÄ PÄÄTY   61

Puro   63
Miksi kirjoitan?   64
Ehkä olenkin runo   65
Me   66
Squad   67
Jäätyneet huulet   68
Pyhän yllätyksen tytär   69
Addiktin rakkaus   70
Sellaisena kuin olen   71
Nuotio   72
Meritähti   73
Syöpä   74
Perhe   75